THE WEAPONS ENCYCLOPÆDIA
TANK AIRCRAFT AFV SHIP ARTILLERY VEHICLES SECRET WEAPON

TWE-010 ITA

CARRO LEGGERO L6/40

THE WEAPONS ENCICLOPAEDIA

EDITORIAL STAFF
Luca Cristini, Paolo Crippa.

REDAZIONE ACCADEMICA
Enrico Acerbi, Massimiliano Afiero, Aldo Antonicelli, Ruggero Calò, Luigi Carretta, Flavio Chistè, Anna Cristini, Carlo Cucut, Salvo Fagone, Enrico Finazzer, Björn Huber, Andrea Lombardi, Aymeric Lopez, Marco Lucchetti, Luigi Manes, Giovanni Maressi, Francesco Mattesini, Federico Peirani, Alberto Peruffo, Maurizio Raggi, Andrea Alberto Tallillo, Antonio Tallillo, Massimo Zorza.

PUBLISHED BY
Luca Cristini Editore (Soldiershop), via Orio, 33/D - 24050 Zanica (BG) ITALY.

DISTRIBUTION BY
Soldiershop - www.soldiershop.com, Amazon, Ingram Spark, Berliner Zinnfigurem (D), LaFeltrinelli, Mondadori, Libera Editorial (Spain).

PUBLISHING'S NOTES
None of unpublished images or text of our book may be reproduced in any format without the expressed written permission of Luca Cristini Editore (already Soldiershop.com) when not indicate as marked with license creative commons 3.0 or 4.0. Luca Cristini Editore has made every reasonable effort to locate, contact and acknowledge rights holders and to correctly apply terms and conditions to Content. Every effort has been made to trace the copyright of all the photographs. If there are unintentional omissions, please contact the publisher in writing at: info@soldiershop.com, who will correct all subsequent editions.

LICENSES COMMONS
This book may utilize part of material marked with license creative commons 3.0 or 4.0 (CC BY 4.0), (CC BY-ND 4.0), (CC BY-SA 4.0) or (CC0 1.0). We give appropriate attribution credit and indicate if change were made in the acknowledgments field. Our WTW books series utilize only fonts licensed under the SIL Open Font License or other free use license.

CONTRIBUTORS OF THIS VOLUME & ACKNOWLEDGEMENTS
Ringraziamo i principali collaboratori di questo numero: I profili dei carri sono tutti dell'autore. Le colorazioni delle foto sono di Anna Cristini. Ringraziamenti particolari a istituzioni nazionali e/o private quali: Stato Maggiore dell'esercito, Archivio di Stato, Bundesarchiv, Nara, Library of Congress ecc. A P.Crippa, A.Lopez, L.Manes, C.Cucut, archivi Tallillo. Model Victoria (www.modelvictoria.it), per avere messo a disposizione immagini o altro dei loro archivi.

For a complete list of Soldiershop titles, or for every information please contact us on our website: www.soldiershop.com or www.cristinieditore.com. E-mail: info@soldiershop.com. Keep up to date on Facebook & Twitter: https://www.facebook.com/soldiershop.publishing

Titolo: **CARRO LEGGERO ITALIANO L6/40** Code.: **TWE-010 IT**
Collana curata da L. S. Cristini
ISBN code: 978-88-9329703. Prima edizione giugno 2023
THE WEAPONS ENCICLOPAEDIA (SOLDIERSHOP) is a trademark of Luca Cristini Editore.

THE WEAPONS ENCYCLOPÆDIA
TANK AIRCRAFT AFV SHIP ARTILLERY VEHICLES SECRET WEAPON

CARRO LEGGERO ITALIANO L6/40

LUCA STEFANO CRISTINI

BOOK SERIES FOR MODELERS & COLLECTORS

INDICE

Introduzione 5
- Lo sviluppo e la produzione 5
- Caratteristiche tecniche 9

Le versioni dei mezzi 15
- L6/40 15
- L6/40 LF 15
- L6/40 centro radio 16
- L6/40 portamunizioni 16
- L40 16
- Carro comando L40 16
- Cingoletta L/40 26
- Il Bren Carrier italiano 20

Impiego operativo 23
Mimetica e segni distintivi 41
Produzione ed esportazione 47
Scheda tecnica 52
Bibliografia 58

▼ Carro L6/40 in mimetica invernale per la Russia. Wikipedia

INTRODUZIONE

Dato che i carri L3, denominati spregiativamente "scatole di sardine", risultarono anacronistici già nella seconda metà degli anni Trenta, l'Alto Comando italiano cercò di sviluppare un nuovo carro armato leggero per sostituire questi cingolati, il cui principale difetto (la corazzatura della sovrastruttura e la mancanza di torretta) era stato già ben rivelato durante la guerra d'Etiopia.

L'unico vero carro armato leggero italiano della Seconda guerra mondiale, quindi, può definirsi l'L6/40. Venne utilizzato durante il conflitto, prevalentemente dal Regio Esercito, che lo impiegò in tutti i teatri di guerra, soprattutto come mezzo di ricognizione a partire dalla primavera del 1941 fino all'Armistizio con gli Alleati nel settembre 1943. Mezzo originariamente progettato per le operazioni in montagna, si rivelò presto inadatto alle operazioni in Nord Africa o in Russia. Ancora prima di entrare in azione, era obsoleto sia per l'armamento che per la debolezza della corazza.

Fu l'unico carro armato leggero dell'Esercito Italiano dotato di torretta. Fornì sempre prove assai mediocri come mezzo corazzato e finì per svolgere, almeno in Nord Africa, incarichi di supporto agli attacchi della fanteria italiana negli ampi spazi desertici.

LO SVILUPPO E LA PRODUZIONE

La prima evoluzione del carro L3 Modello 36 fu prodotta nel novembre 1935 sotto forma di prototipo; manteneva la parte inferiore del telaio e il vano motore del suo predecessore, pur beneficiando di una sovrastruttura più spaziosa e di un armamento in torretta costituito da un cannone da 37 mm accoppiato a una mitragliatrice da 6,5 mm. Le sospensioni del cambio erano a barre di torsione, una soluzione che venne mantenuta anche nel futuro L6/40. Quest'ultimo fu pensato, all'inizio, nell'ottica ormai sorpassata

▲ Carro prototipo mod. 36 visto di fronte. Collezione Aymeric Lopez. Colorazione autore.

▲ Alcuni dei principali progetti/prototipi di carri presentati Da Ansaldo E Fiat nel cortile di una caserma di cavalleria a metà degli anni '30. Da sinistra a destra: un carro veloce leggero L3/33, nel mezzo dietro ai due militari il *Carro Cannone Modello 1936* (predecessore del nostro L6/40) infine a destra il *Carro di Rottura da 10t* (prototipo M11/39)

dell'uso soprattutto in montagna, nel ricordo del conflitto che il Regio Esercito italiano combatté contro l'Impero austro-ungarico sul confine nord-orientale dell'Italia. Questo territorio montuoso era particolarmente adatto a carri armati leggeri da 3 tonnellate. Ovviamente questo principio cardine si rivelò presto inutile e fuorviante. Per questa ragione non venne successivamente presa in considerazione un cannone nella torretta girevole. In un fronte montano era praticamente impossibile venire aggirati dal nemico, e avere un pezzo in casamatta rigida che sparasse in avanti era più che sufficiente.

Queste considerazioni, unite alla scarsa resa degli L3 nella recente guerra in Etiopia, spinse il Regio Esercito italiano a portare avanti lo studio su un nuovo carro armato leggero dotato di torretta e armato di cannone. La FIAT di Torino e l'Ansaldo di Genova avviarono un progetto comune per il nuovo carro armato utilizzando come base il telaio dell'L3/35, l'ultima evoluzione della serie di carri armati L3. Nel novembre 1935 presentarono il Carro d'Assalto Modello 1936, con lo stesso telaio e lo stesso vano motore del carro armato L3/35 da 3 tonnellate, ma con nuove sospensioni a barra di torsione, una sovrastruttura modificata e una torretta con cannone da 37 mm. Le prime prove vennero effettuate presso gli stabilimenti dell'Ansaldo; il prototipo fu quindi inviato al Centro Studi della Motorizzazione (o CSM) di Roma. Il CSM era il dipartimento italiano incaricato di esaminare i nuovi veicoli per il Regio Esercito.

Durante questi test, il prototipo del Carro d'Assalto Modello 1936 ottenne risultati contrastanti: le nuove sospensioni diedero una buona impressione, mentre la mancanza di stabilità del veicolo, specialmente al momento di far fuoco, apparve subito come un problema. A causa di ciò, il Regio Esercito chiese un nuovo progetto.

► Il prototipo del Carro Cannone Modello 1936 fotografato all'esterno delle officine Ansaldo. Fonte Ansaldo.

▲ Il prototipo del carro leggero L4 durante i primi test. Pensato per il fronte montano, lo Stato Maggiore del Regio Esercito lo provò nei sentieri dei villaggi alpini come potete vedere nella foto grande. Fonte Ansaldo.

▲ Il *Carro d'Assalto Modello 1936* durante i test al *Centro Studi della Motorizzazione* di Roma. 12 novembre 1935. Fonte: Centro Tecnico della Motorizzazione Esercito Italiano.

Nell'aprile del 1936, le stesse due aziende presentarono il nuovo carro Modello 1936, stavolta diverso dal vecchio progenitore L3/35. Il nuovo prototipo era dotato di un cannone da 37 mm sul lato sinistro della sovrastruttura, con una traslazione limitata e una torretta girevole armata con una coppia di mitragliatrici. Tuttavia, il Regio Esercito criticò queste scelte fatte dalle due aziende, semplicemente perché questo non era il carro che lo Stato Maggiore aveva richiesto.

Il prototipo M6

Le due aziende italiane però non demorsero, e studiarono un nuovo prototipo basato su torretta girevole e nuove sospensioni. Per rendere più forte la loro posizione, Ansaldo e FIAT fecero anche girare la voce di un certo interesse per il mezzo da parte di una potenza straniera. Solo verso la fine del 1937, a seguito di lungaggini amministrative, il prototipo fu pronto. Armato con ben due mitragliatrici in torretta, fu prima battezzato M6 (Carro Medio), successivamente corretto in L6 (L sta per Leggero) a seguito della Circolare n°1400 del 13 giugno 1940 che elevava il limite di categoria per i carri medi da 5 tonnellate a 8 tonnellate. Il prototipo della FIAT e Ansaldo fu alla fine presentato ai generali dello Stato Maggiore dell'Esercito a Villa Glori il 26 ottobre 1939. Anche stavolta lo Stato maggiore volse i pollici verso il basso. Tuttavia, il generale Manera del centro Studi della Motorizzazione finì con accettarlo con riserva a patto si cambiasse l'armamento in torretta. Si ripresentarono ancora diversi inconvenienti e incidenti, ma alla fine, dopo una nuova serie di collaudi fra il 1939 e il 1940, nell'aprile di quest'ultimo anno nacque ufficialmente Il *Carro Armato L6/40*, abbreviazione per: *Carro Armato Leggero da 6 tonnellate Modello 1940*.

Produzione

Un importante punto da chiarire era quale armamento sarebbe stato scelto, in quanto FIAT-Ansaldo non aveva ancora ricevuto notizie su quale modello volesse il Regio Esercito, il cannone da 20 mm o quello da 37 mm. Il 18 marzo 1940 il Regio Esercito effettuò il suo primo ordine di 583 mezzi M6, insieme a carri

M13/40 e altre autoblinde. Nel contratto si specificava la desiderata di almeno 480 carro leggeri all'anno, numeri impossibili all'epoca per l'industria italiana, che riuscì a fatica a produrne l'80% circa. La prima consegna avvenne nel tardo maggio 1941, in ritardo sui tempi accordati e a guerra già iniziata! Nel frattempo, l'ordine era variato, e vennero richiesti più modelli di semoventi L40 rispetto ai carri. Alla fine, dagli stabilimenti della FIAT di Torino uscirono 414 L6/40. Il carro armato appena nato era già vecchio e il generale Roatta, che non nutriva alcuna fiducia nel mezzo, chiese di fermare la produzione a 100 mezzi, ma la catena di montaggio era ormai operativa. In ogni caso Esercito e produttori si accordarono per cessare questa produzione nel dicembre del 1943. Ovviamente l'Armistizio accelerò questa situazione ed entro l'8 settembre il numero totale prodotto fu di 416 carri. I tedeschi presero possesso degli stabilimenti e, sotto la loro direzione, altri mezzi furono prodotti e alla fine del 1944 si raggiunse un totale di 432 carri leggeri L6/40 prodotti.

CARATTERISTICHE TECNICHE

Il carro è costituito dal telaio o scafo, dall'armamento, dal motore e dai relativi organi di trasmissione, di locomozione e di comando. Queste le parti principali: scafo - accessi - portelli d'ispezione - fori di scarico - mezzi di visibilità - motore - organi di trasmissione - organi di direzione e della frenatura - organi di propulsione esterna e sospensioni.

Corazzatura

Le piastre anteriori che costituivano la struttura del mezzo avevano uno spessore di 30 mm, mentre quelle dello scudo del cannone e del portello del conducente erano più spesse e arrivavano a 40 mm. Assai più leggere erano le piastre a difesa del vano della trasmissione e le piastre laterali, e quelle posteriori con uno spessore di 15 mm. Il fondo/pavimento del carro aveva uno spessore di 10 mm. Quindi non solo scarso spessore, ma anche la qualità dell'acciaio lasciava molto a desiderare. L'industria italiana non era in grado

▲ Esploso in sezione del carro L6/40 dall'originale libretto manutenzione Fiat.

di fornire quantità sufficiente alle corazze dei carri, poiché si optò per assegnare l'acciaio alla Regia Marina. La cosa andò peggiorando sempre più e raggiunse il suo apice durante le guerre di Etiopia e Spagna. La corazza degli L6/40 spesso si dimostrava perforabile anche da proietti di piccolo calibro e dalla gran parte dei fuciloni anticarro. Secondo la tradizione italiana, le corazze erano tutte imbullonate, non certo la migliore tecnologia esistente al tempo, anzi, già superata dalla più sicura saldatura. Tuttavia, questa era una scelta forzata per la produzione italiana, in quanto i bulloni offrivano il vantaggio di rendere più semplice e veloce il processo di fabbricazione dei veicoli rispetto a quelli con armatura saldata..

Scafo e camera combattimento

Nella parte anteriore del mezzo si trovava il coperchio della trasmissione, con un ampio portello d'ispezione apribile dal guidatore tramite una leva interna. Questo veniva spesso lasciato aperto per raffreddare i meccanismi interni. Una pala e un piede di porco erano posizionati sul parafango destro, mentre un supporto per cric arrotondato era a sinistra. Il mezzo disponeva di fari orientabili montati sui lati del mezzo. Il guidatore era posizionato sulla destra e aveva un portello apribile da una leva montata sulla destra. Aveva a sua disposizione anche un episcopio da 190 x 36 con un campo visivo orizzontale di 30º e uno verticale di 8º. Alla sua sinistra il guidatore disponeva della leva del cambio e il freno a mano, mentre a destra era posto il cruscotto. Sotto il sedile di guida si trovavano le batterie *Magneti Marelli* da 12V che servivano per l'avviamento del motore e per alimentare gli impianti elettrici del veicolo. Al centro della camera di combattimento c'era l'albero di trasmissione che collegava il motore alla trasmissione. A causa dello spazio ridotto all'interno, il veicolo non era dotato di un sistema d'interfono, dunque l'equipaggio comunicava a voce diretta. Un grosso serbatoio con l'acqua di raffreddamento del motore era sistemato nella parte posteriore della camera di combattimento e nel mezzo c'era un estintore. Ai lati erano presenti due prese d'aria per consentire l'aerazione all'interno del veicolo quando tutti i portelli erano chiusi. Sulla

▲ L'interno della camera di combattimento, legenda: 1 Dispositivo rotazione torretta. 2 Attacco per cuffia e interfoni. 3 sedile del pilota-servente. 4 Scomparti porta lastrine caricatori dei proiettili dell'arma da 20mm. 5 Apparato radio del carro. 6 Estintore. / Pedali per azionare comando armi del carro (cannone e mitragliatrice). Fonte A.Lopez.

◄ Interno dell'abitacolo-camera di combattimento, posto di guida del carro. Legenda: 1 Maniglia sollevamento antenna radio. 2 Estintore. 3 Comando apertura sportello ispezione. 4 Sedile. 5-6-7 Leve cambio marce, leva insermento riduttore, leva a settore comando freno di guida e arresto.

8 Tachimetro contachilometri. 9 quadro cruscotto comandi vari: livelli bnezina, olio, motorino avviamento, manometri, segnalatore crica dinamo ecc. 10 Comando apertura portello di guida. 11 Comando apertura del portello anteriore. 12 Contenitore del periscopio per la guida in combattimento.

Ai piedi del pilota i due pedali per la frizione e per l'acceleratore e un pedale per l'avviamento d'emergenza dall'interno del carro.

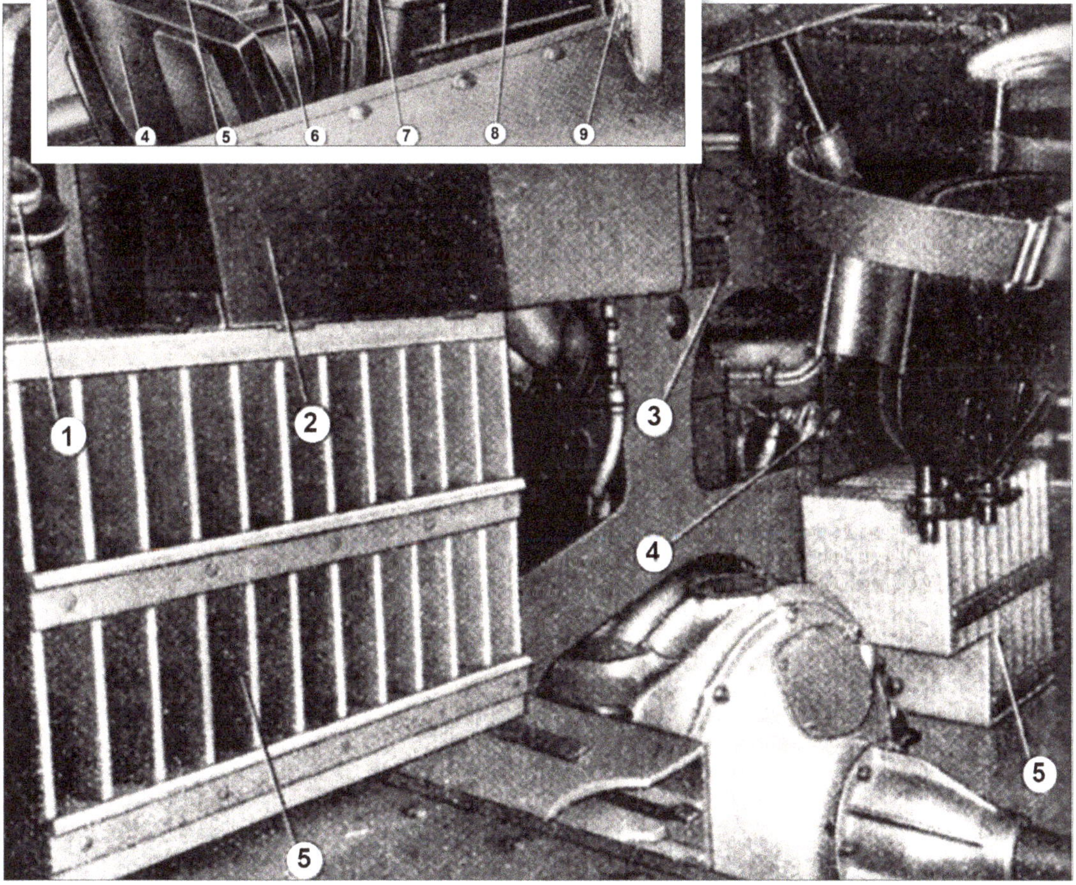

▲ Parete posteriore della camera di combattimento, legenda: 1 Bocchettone acqua raffreddamento motore. 2 Scatola ricambi ottici. 3 Targhetta uso serbatoio carburante. 4 Rubinetto benzina. 5 Scomparti porta caricatori dei proiettili. Fonte A.Lopez.

paratia, sopra l'albero di trasmissione, erano presenti due sportelli apribili d'ispezione del vano motore. I compartimenti del motore e dell'equipaggio erano a loro volta separati da una paratia blindata, che serviva a proteggere gli uomini dal rischio di propagazione del fuoco nella camera di combattimento. Il motore era situato al centro del vano posteriore, accanto a due serbatoi del carburante da 83 litri ciascuno. Dietro il motore c'erano il radiatore e il serbatoio dell'olio lubrificante. Il vano motore presentava due grandi sportelli con due griglie per il raffreddamento del motore e, dietro, due prese d'aria per il radiatore. Non era raro che l'equipaggio viaggiasse con tutti i portelli aperti durante le operazioni nordafricane per ventilare meglio il motore e gli interni, a causa delle alte temperature. Infine, la marmitta era posta sulle parete posteriore destra dei parafanghi. Sui primi veicoli prodotti, questa mancava ancora di adeguata copertura in amianto. La parte posteriore del vano motore presentava una piastra asportabile di forma tonda fissata con bulloni e utilizzata per la manutenzione del motore. Sul lato sinistro c'erano un supporto per il piccone e la targa con la luce rossa dello stop.

Motore e sospensioni

Il motore del carro leggero L6/40 era il *FIAT-SPA Tipo 18VT* a benzina, 4 cilindri in linea, raffreddato a liquido, con una potenza massima di 68 cv a 2.500 giri/min. Aveva un volume di 4.053 cm^3. Lo stesso motore era utilizzato anche sulle versioni semoventi derivate dal carro L6. Questo motore, a sua volta, derivava da quello utilizzato su alcuni modelli di autocarri militari da 55 hp ma era in versione potenziata. Il motore del carro L6 poteva essere avviato elettricamente o manualmente tramite una manovella che doveva essere inserita nella parte posteriore. Il carburatore Zenith Tipo 42 TTVP era lo stesso utilizzato sulle autoblindo medie serie AB e permetteva l'accensione anche a freddo. I due serbatoi con capacità totale di 165 litri garantivano un'autonomia di 200 km su strada e circa 5 ore fuoristrada, con una velocità massima su strada di 42 km/h e di 20-25 km/h su terreni sconnessi, a seconda del terreno su cui il carro

▲ Lato destro del Motore FIAT-SPA Tipo 18VT FIAT-Ansaldo Mod. L6. Da manuale Norme d'Uso e Manutenzione

armato da ricognizione leggero era costretto a operare. Il carro L6 poteva trasportare un massimo di cinque taniche supplettive da 20 litri ciascuna per un totale di 100 litri di carburante, tre sul lato sinistro della sovrastruttura e una sopra ogni cassetta degli attrezzi del parafango posteriore. Queste taniche aggiuntive aumentavano l'autonomia massima del veicolo a circa 320 km. La trasmissione aveva una frizione monodisco a secco. Il cambio aveva 4 marce avanti e 1 retromarcia con riduttore di velocità. L'ingranaggio del cambio consisteva in una ruota dentata anteriore a 16 denti, quattro ruote da strada accoppiate, tre rulli superiori e una ruota folle posteriore su ciascun lato. I bracci oscillanti erano fissati ai lati del telaio ed erano collegati a barre di torsione. I cingoli derivavano da quelli dei carri leggeri della serie L3 ed erano composti da 88 maglie larghe 260 mm per lato. Il motore dell'L6/40 soffriva in fase di avviamento a basse temperature, cosa patita soprattutto dagli equipaggi schierati in Russia: la FIAT elaborò un sistema di preriscaldamento allo scopo di ridurre tale inconveniente.

Torretta e armamento

La torretta L6/40 fu sviluppata dall'Ansaldo e assemblata dalla SPA per il carro leggero L6/40 e utilizzata anche sull'auto blindata AB41. La torretta monoposto aveva una forma ottagonale con due portelli: uno per il comandante/cannoniere del veicolo sul tetto e il secondo sul retro della torretta, utilizzato per rimuovere l'armamento principale durante le operazioni di manutenzione. Ai lati, la torretta presentava due feritoie per consentire ai comandanti di controllare il campo di battaglia e utilizzare le armi personali, con non poche difficoltà visto lo spazio angusto. Sul tetto, accanto al portello, vi era un periscopio con campo visivo di 30°, che consentiva al comandante una visione troppo parziale del campo di battaglia perché era impossibile, sempre a causa dello spazio limitato, ruotarlo di 360°. La posizione del comandante in torretta era problematica e si doveva sedere su un sedile pieghevole. I comandanti erano anche responsabili del fuoco delle armi, e azionavano il cannone e la mitragliatrice tramite l'uso di pedali poiché, in mancanza di generatori elettrici, si doveva agire meccanicamente, tirando cavi metallici simili a quelli dei freni delle biciclette. Il comandante aveva anche a disposizione una radio, un ricetrasmettitore *Magneti Marelli RF1CA-TR7* con una gamma di frequenza operativa compresa tra 27 e 33,4 MHz. colle-

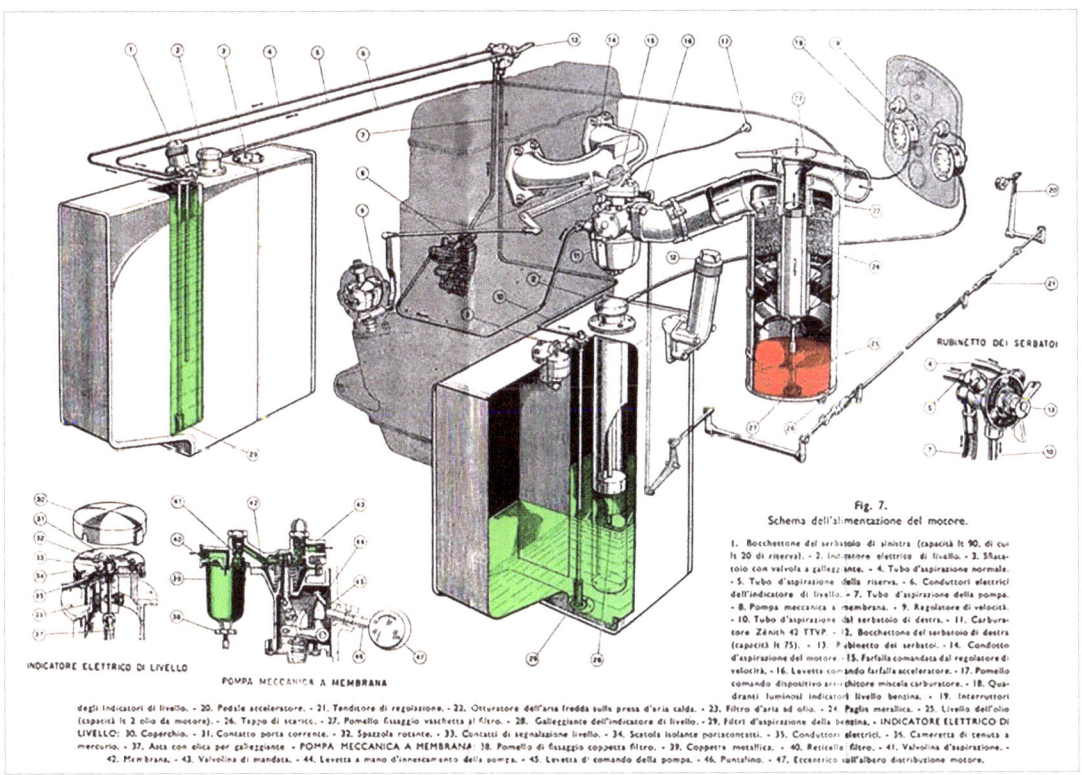

▲ Schema di alimentazione del motore. Mod. L6. Da manuale Norme d'Uso e Manutenzione

gato a batterie 12V prodotte da *Magneti Marelli*. Questa radio aveva due portate, una vicina con una portata massima di 5 km, e una lontana con una portata massima di 12 km. La radio pesava circa 13 kg ed era posta sul lato sinistro della sovrastruttura. L'antenna di tipo mobile era posizionata sul lato destro del tetto ed era abbassabile di 90° all'indietro con una manovella azionata dal conducente. L'arma principale del carro era un *Cannone-Mitragliera Breda da 20/65 Modello 1935* a gas raffreddato ad aria sviluppato dalla *Società Italiana Ernesto Breda per Costruzioni Meccaniche* di Brescia. Si trattava, nei fatti, di un cannone concepito come antiaereo e anticarro e, in Spagna, esso fu adottato persino per alcune varianti del Panzer I tedesco. Il cannone era una buona arma, apprezzata anche dai nemici che ne catturarono molti in Africa a seguito del crollo delle truppe dell'asse. Il cannone automatico pesava 307 kg con un'elevazione di +80°. La sua portata massima era di 5.500 m. Contro gli aerei in volo aveva una portata pratica di 1.500 metri, mentre contro bersagli corazzati aveva possibilità di far male solo se l'obiettivo era compreso tra i 600 e 1.000 metri massimi. Nella versione carro armato, il cannone Breda era alimentato da caricatori da 8 colpi, a causa dell'esiguo spazio disponibile all'interno delle torrette del veicolo.

▲ Immagine pubblicitaria della FIAT raffigurante un operaio SPA che termina di assemblare l'arma di un L6/40.

La cadenza di tiro era comunque limitata anche a causa del fatto che il comandante/cannoniere era solo e doveva aprire il fuoco e ricaricare il cannone principale. L'armamento secondario era composto, al solito come per molti altri carri italiani, da un *Breda Modello 1938 da* 8 mm montato coassiale al cannone, a sinistra, dal peso massimo di 20 kg e una velocità di fuoco teorica di 450 colpi al minuto. Col tempo la Breda sviluppò una versione della mitragliatrice adatta ai carri. Questa era più leggera, dotata di canna accorciata, impugnatura a pistola e un nuovo caricatore curvo superiore da 24 colpi. L'arma era famosa per la sua robustezza e precisione, ma aveva anche una fastidiosa tendenza a incepparsi facilmente e un peso proibitivo rispetto alle armi simili usate dal nemico (da 15 a 19 kg… un'enormità).

Equipaggio e organizzazione tattica

L'equipaggio del L6/40 era composto da due soli soldati. L'autista posto alla destra del veicolo e il comandante/cannoniere appena dietro, seduti entrambi su un sedile fissato all'anello della torretta. I comandanti, come già ricordato, dovevano svolgere troppi compiti e questo rappresentò forse il principale tallone d'Achille dell'efficacia del mezzo. Gli stessi erano, inoltre, costretti a dover controllare il campo di battaglia, individuare bersagli, aprire il fuoco, dare ordini all'autista, utilizzare la stazione radio del carro armato e caricare sia il cannone automatico che la mitragliatrice… davvero troppo. Veicoli simili, come il tedesco Panzer II, disponevano di un equipaggio di tre persone ed era tutta un'altra storia.

Gli squadroni degli L6/40 erano costituiti da un *plotone comando*, quattro plotoni carri più uno in riserva/deposito, per un totale a squadrone di 7 ufficiali, 26 sottufficiali, 135 soldati, 28 L6/40 carri armati leggeri e altri mezzi di supporto. Nel giugno del 1942 i battaglioni, o gruppi L6, furono riorganizzati in plotone comando con 2 carri comando L6/40 e 2 carri radio L6/40 e due o tre compagnie carri, ciascuna dotata di 27 carri leggeri L6.

LE VERSIONI DEI MEZZI

Il carro leggero L6/40 ebbe una produzione di poche varianti, escludendo i prototipi iniziali destinati alla progettazione. Di seguito le principali versioni di produzione o modificate e derivate

- **L6/40** – l'L6/40 nella sua versione base non ebbe un grande successo tra gli equipaggi. Il generale Gervasio Bitossi, comandante della Divisione Littorio, che comandava quindi anche il III° Gruppo Corazzato Novara, lamentava in primis l'armamento principale e il suo corto raggio d'azione, che lo rendeva tutt'altro che ideale per le missioni di ricognizione a lungo raggio, e anche la sua velocità, considerata troppo bassa per missioni di questo tipo. Ad aggravare il tutto l'L6/40 aveva la tendenza ad affondare nei terreni sabbiosi e la resistenza specifica delle delicate barre di torsione era un problema che affliggeva troppo spesso il carro. La sagoma troppo alta del carro armato (nonostante fosse un carro leggero) lo rendeva ben visibile anche da lontano agli osservatori nemici. Sulla carta il mezzo veniva paragonato al Panzer II tedesco, ma sul mezzo tedesco operava un equipaggio di tre persone, mentre sull'L6/40 il comandante del carro armato operava da solo in torretta e doveva svolgere anche il lavoro di mitragliere e di operatore radio.
- **L6/40LF** – versione con un lanciafiamme al posto del cannone, dotata di un serbatoio di liquido combustibile da 200 litri. La versione lanciafiamme fu sviluppata sulla base del carro armato RE 3812 nel dicembre 1941. Dopo i test di valutazione condotti dal CSM nell'estate del 1942, l'L40 LF fu adottato il 1° settembre dello stesso anno. Il tubo lanciafiamme, costruito sullo stesso modello di quello installato sull'L3 LF, occupava il posto del cannone da 20 mm. Probabilmente fu realizzato il solo prototipo, anche se alcune fonti sostengono che ne sia stato prodotto un piccolo lotto di questi carri armati e non si può escludere che alcuni di essi siano stati inviati nei Balcani. Con un peso di 7 tonnellate, quest'armatura trasportava 200 litri di liquido infiammabile.

▲ Il Prototipo finale M6 appena uscito dalla catena di montaggio, pronto per essere testato. Da notare l'assenza del supporto dell'episcopio. Fonte- Ansaldo. Colorazione autore.

- **L6/40 Centro Radio** – carro radio usato come mezzo di comando, con torretta aperta e mezzi di comunicazione migliorati con equipaggiamento supplementare, rimase allo stadio di prototipo.
- **L6/40 Portamunizioni** – carro portamunizioni che accompagnavano i semoventi M41 da 90/53; trasportava 26 colpi a bordo e 40 su apposito rimorchio blindato.

Principali versioni modificate o derivate:

- **L40** – abbreviazione della dicitura completa **Semovente L40 da 47/32**, fu un semovente d'artiglieria e cacciacarri realizzato dal solito consorzio FIAT-SPA e dall'Ansaldo per il Regio Esercito. Sviluppato dall'L6/40, a cui venne rimossa la torretta per far spazio ad un cannone anticarro 47/32 Mod. 1935 da 47 mm.
- **Carro Comando L40** – carro comando per plotone e compagnia semoventi. Sviluppato su due varianti: carro comando di plotone semoventi e carro comando di squadrone/compagnia semoventi. Dotato di equipaggiamento radio supplementare, il cannone era sostituito da una mitragliatrice Breda Mod. 38 da 8 mm, la cui canna era però avvolta da un manicotto più largo, in modo che il mezzo esternamente apparisse uguale agli altri, allo scopo di confondere il nemico. Dopo l'armistizio anche questa versione fu assai impiegata dalla Wehrmacht con la nuova denominazione PzBefWg L6 770(i).
- **Cingoletta L40** – la controparte italiana dell'Universal Carrier britannico, rimasto però solo a livello di prototipo.

Produzione Carro Armato L6/40			
Anno	Nr. di registrazione del lotto	Ultimo Nr. di registrazione del lotto	Totale
1941	3.808	3.881	71
1942	3.882	5.470	330
1943	5.481	5.508	14
	Produzione totale italiana		415
1943-44	Produzione tedesca		17
Totale	415+17		432

▲ Vista del prototipo M6 durante la sua presentazione ufficiale dell'Ansaldo (archivio di Stato).

▶ La sagoma definitiva della L6/40 con la mimetica Imperiale presso lo stabilimento Ansaldo-Fossati di Sestri Ponente. Collezione Paolo Crippa.

▶ L6/40 versione portamunizioni. Il mezzo fu progettata per rifornire i cacciacarri pesanti Semovente da 90/53. Il veicolo poteva trasportare 26 proiettili di calibro 90 mm e altri 40 proiettili potevano essere trasportati nel rimorchio per le munizioni. Di questo veicolo ne furono prodotti 30, uno per ogni cacciacarri.

▼ Carro comando L6 centro radio del LXVII° battaglione Bersaglieri nella località di Iagodniy in Russia 27 agosto 1942. Collezione A.Lopez.

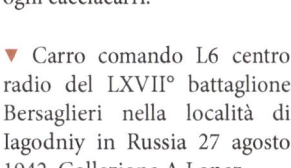

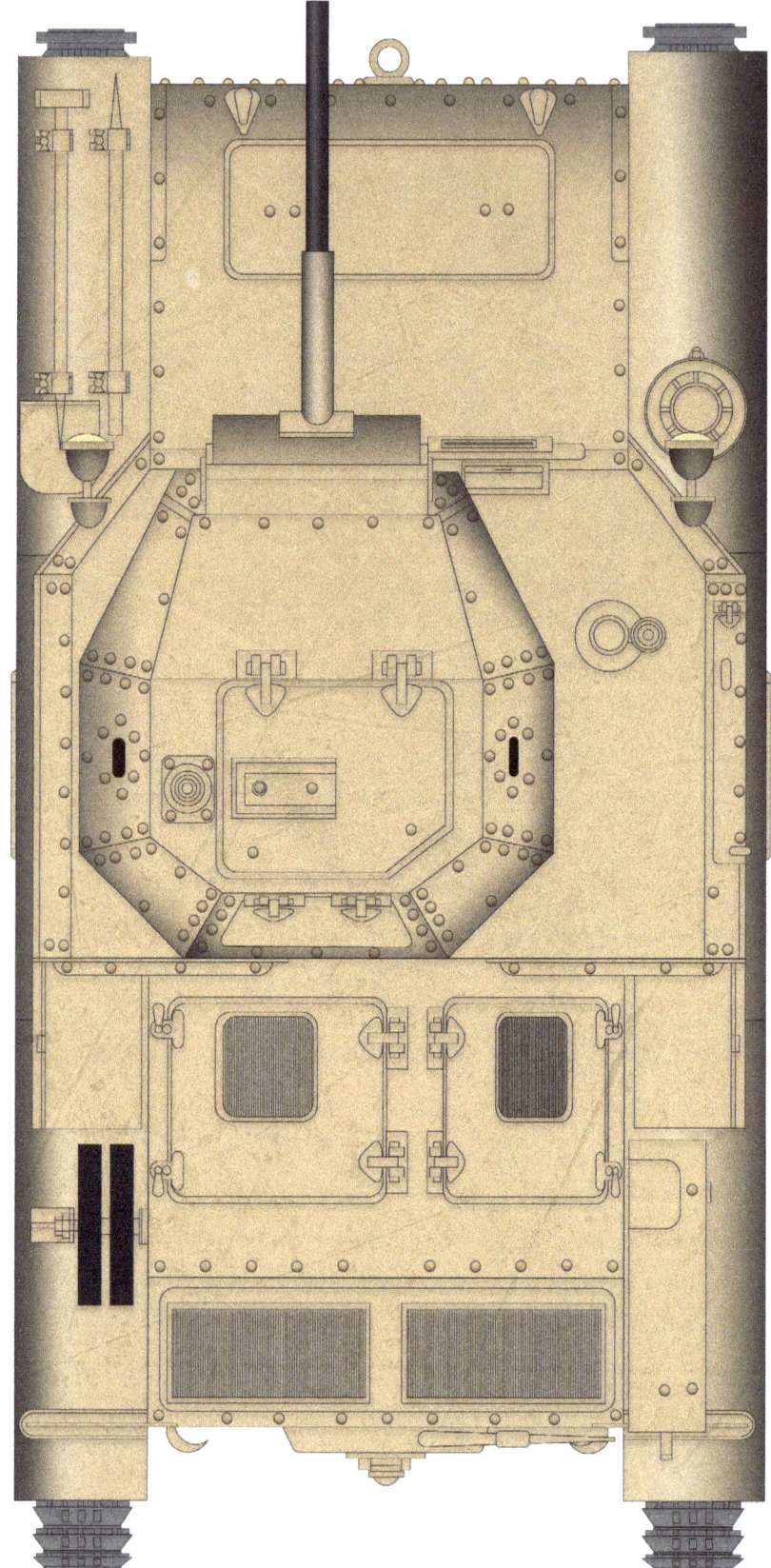

▲ Vista dall'alto del carro leggero L6/40 nella colorazione giallo sabbia desertico.

CARRO ARMATO LEGGERO L6/40 CAMPAGNA AFRICA DEL NORD

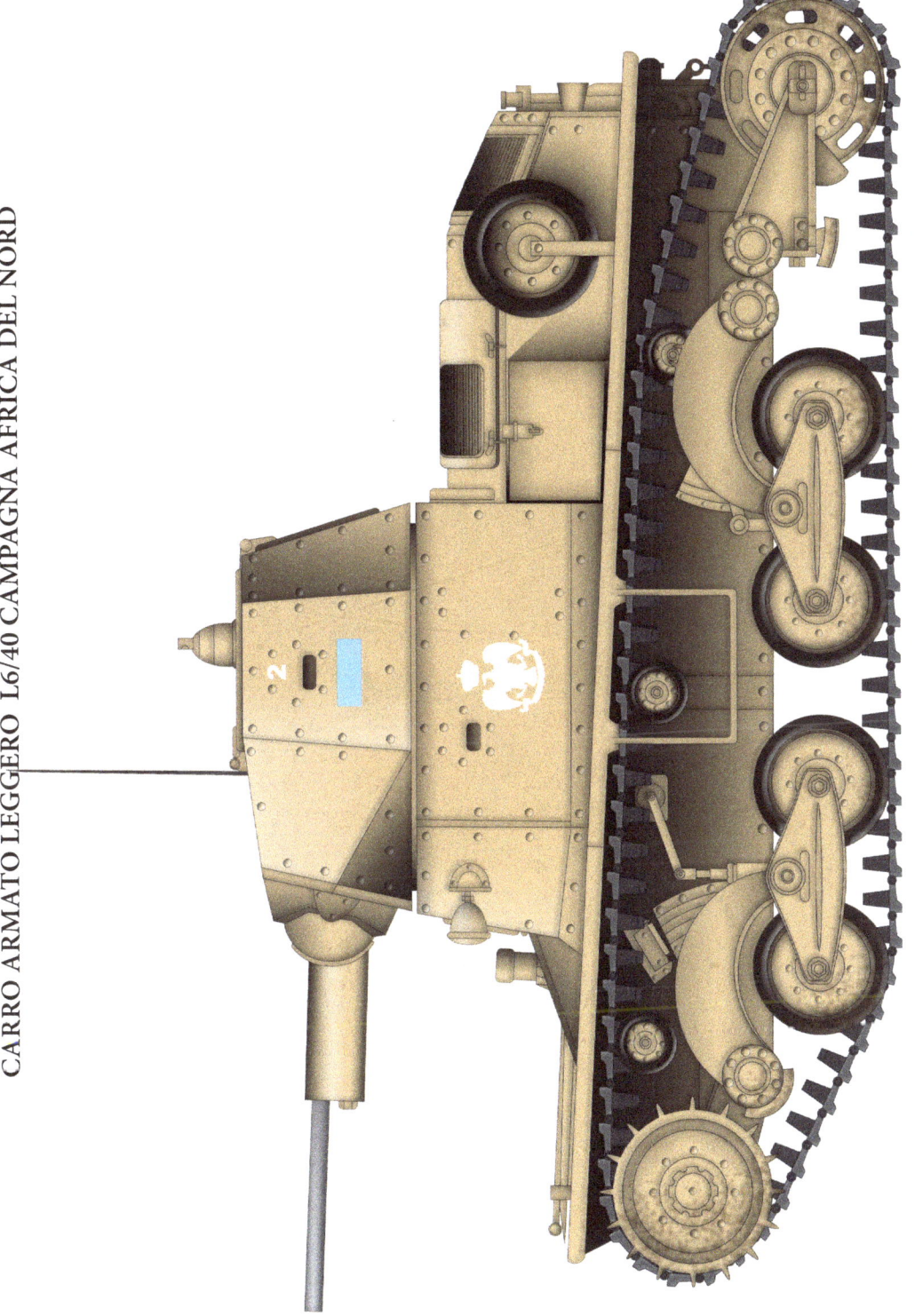

▲ Carro L6/40 2a compagnia III Squadrone del 5° Reggimento Lancieri di Novara. Divisione Littorio. Fouka, Libia, giugno 1942.

Il Bren Carrier italiano

L'idea di una cingoletta da ricognizione e trasporto, simile al Bren Carrier britannico, venne sviluppata dall'Ansaldo già a partire dal 1938, con la creazione di un prototipo a cielo scoperto, su meccanica del futuro carro L6/40, capace di trasportare fino a sette uomini, munizioni e parti di ricambio, o trainare pezzi d'artiglieria. L'idea rivoluzionaria arrivò però troppo tardi, a guerra ormai persa. Il progetto del cingolato leggero italiano fu assegnato all'ingegner Rosini dell'Ansaldo, che battezzò il mezzo CVP/5. Nel 1942 lo Stato Maggiore approvò il progetto che, tuttavia, non entrò mai in produzione per i rovesci africani di fine anno.

▶ Vista di fornte del "Bren Carrier" italiano CVP/5 che però non uperò mai il livello di prototipo a causa dei disastri militari italiani sui vari fronti.

▶ Vista del L6/40 versione lanciafiamme, con il tubo al posto del cannone 1941.

▼ Bel primo piano del cincolato leggero. Effettivamente pareva davvero un mezzo riuscito, purtroppo apparso con troppo ritardo. Fonti P.Crippa

CARRO ARMATO LEGGERO L6/40 CAMPAGNA DI RUSSIA

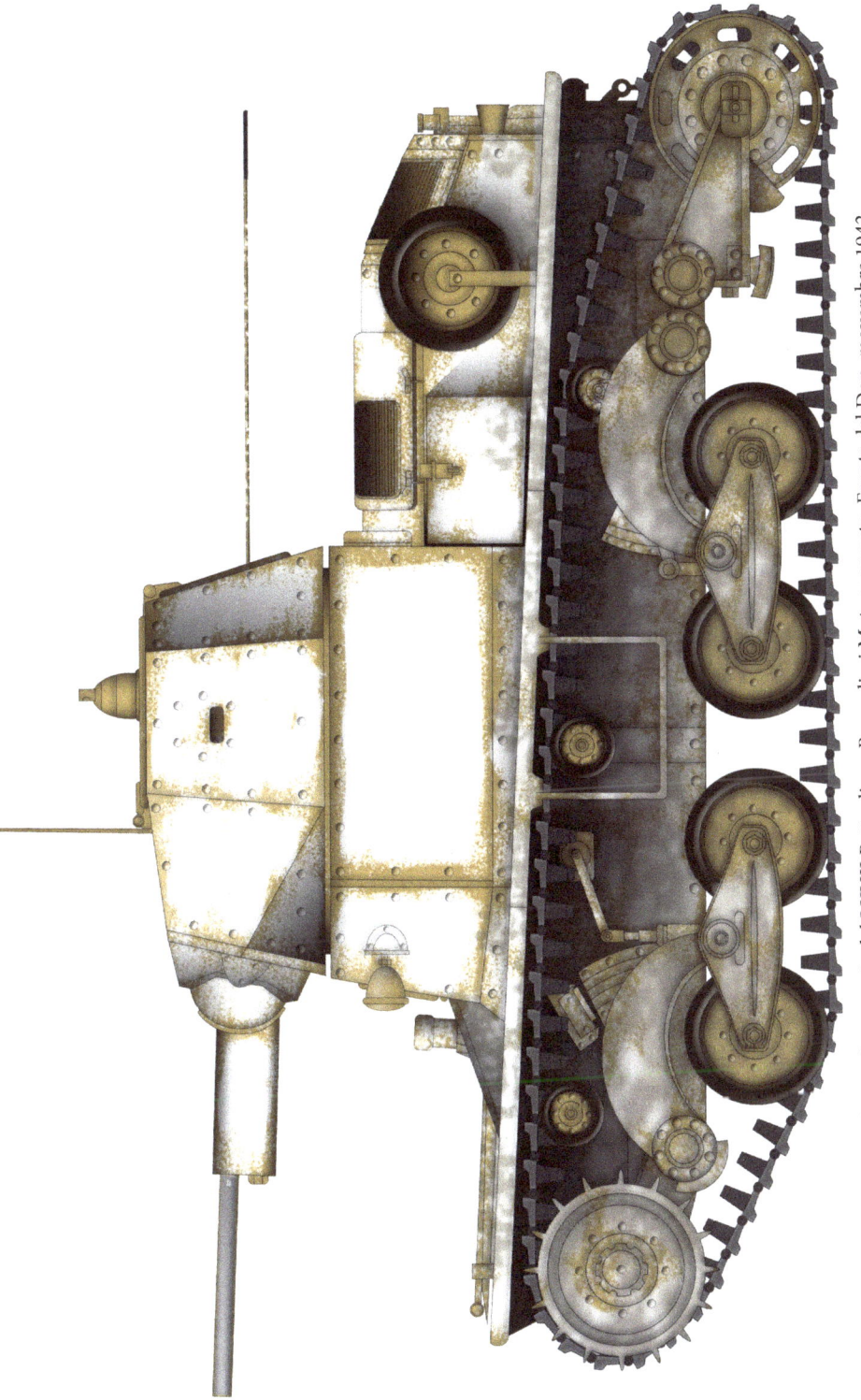

▲ L6/40 2a Compagnia del LXVII Battaglione Bersaglieri Motocorazzato. Fronte del Don, movembre 1942.

CARRO SEMOVENTE DA 47-32 CAMPAGNA DI LIBIA

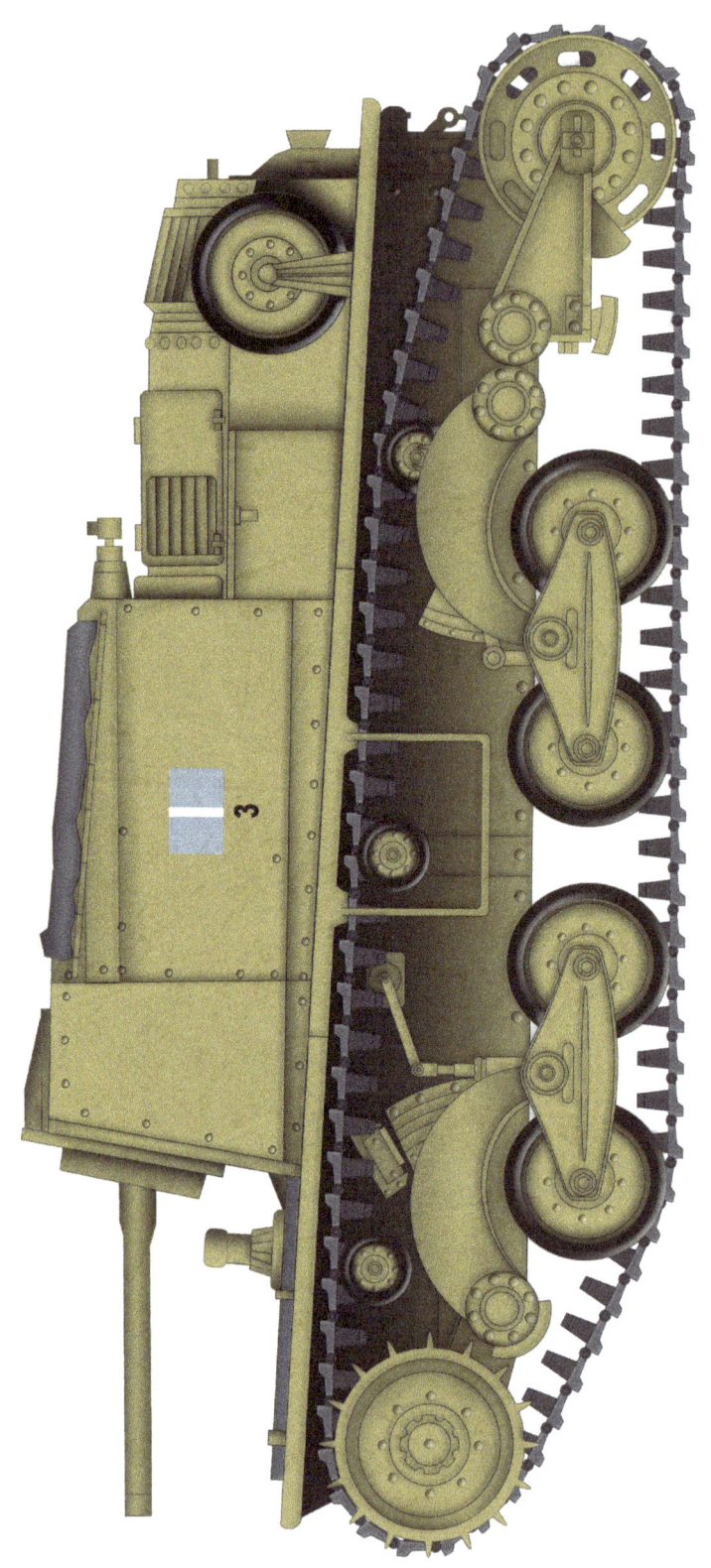

▲ SEMOVENTE da 47-32 impiegato nel deserto cirenaico. Libia, 1942.

IMPIEGO OPERATIVO

Sebbene fosse sotto molti aspetti un veicolo efficiente nella sua categoria, l'L6/40 fu considerato, in linea generale, un mezzo nato "vecchio", sia per quanto riguardava l'armamento che la corazzatura. Non riuscì, infatti, a svolgere adeguatamente i ruoli per cui era stato creato, ovvero ricognizione e appoggio alla fanteria. Il carro L6/40, inoltre, per mancanza di mezzi più adatti, fu utilizzato anche come carro di rottura, cosa assurda per un carro così poco corazzato. Per quanto riguarda gli altri ruoli per cui venne concepito, ossia ricognizione e supporto per fanteria, era parzialmente adeguato al primo perché veloce e di piccole dimensioni, mentre era inverosimile potesse adempiere al secondo, anche perché era penalizzato dalla dottrina d'impiego in uso allora nel Regio Esercito. La vita operativa degli L6/40 fu relativamente breve e si concentrò nel periodo di maggiore sforzo bellico italiano fra la fine del 1941 ed il 1943. Il mezzo venne assegnato principalmente alle truppe celeri (Cavalleria e Bersaglieri) equipaggiando di fatto unità a livello squadrone/compagnia, a eccezione di quelli assegnati al III° Gruppo Corazzato "Lancieri di Novara".

Il mezzo fu usato dal Regio Esercito praticamente in ogni fronte della Seconda guerra mondiale dove erano coinvolte le forze italiane: in Africa settentrionale, sul fronte orientale in Russia con l'ARMIR, nei Balcani con compiti di contrasto alle operazioni della resistenza jugoslava. Alcuni di questi ultimi vennero poi catturati e riutilizzati dai tedeschi dopo l'8 settembre 1943, e successivamente anche dai partigiani titini e, ovviamente, anche i mezzi rimasti in Italia dopo l'armistizio furono riutilizzati dalle forze armate germaniche; solo un limitatissimo numero di quelli rimasti in Italia poterono essere utilizzati dai reparti della RSI. A partire dal 1943 la torretta del carro fu anche usata sull'autoblindo SPA-Viberti AS43. L'Esercito Italiano continuò ad utilizzare gli L6/40 sopravvissuti al conflitto fino ai primi anni '50, così come anche i Reparti celeri della Pubblica Sicurezza.

▼ Carro L6/40 del II Battaglione del 31° Reggimento Carri impegnato nel recupero di un autocarro tedesco. Notate la testa di leone dipinta sul fronte della casamatta ed i rettangoli bianchi, con lato lungo in verticale, tipici dei carri di questa unità che appoggiarono le forze armate tedesche dopo l'Armistizio. (colorazione autore).

■ FRONTE AFRICA SETTENTRIONALE

I primi 4 L6/40 inviati in Nord Africa nel dicembre 1941, a guerra già iniziata, furono addestrati in un plotone sperimentale della Compagnia di formazione Nizza, aggregata alla RECAM (Raggruppamento Esplorante del Corpo di Armata di Manovra). Dalla fine di gennaio 1942, il III° Gruppo Corazzato del Reggimento di Cavalleria I Lancieri di Novara, costituito a Verona, inizia a ricevere i primi L6. Il 4 marzo del 1942 questo reparto raggiungeva l'Africa entrando a far parte della 133ª Divisione Corazzata Littorio. Divenne operativo con una forza di 85 L6 (Bizzarri dice 52). Altri gruppi dello stesso reparto opereranno sul fronte russo insieme al Reggimento Savoia Cavalleria. L'unità prese parte agli attacchi condotti su Tobruk, e successivamente il reparto venne messo a disposizione di Rommel. Combatté poi al El-Adem e ai primi di luglio prese parte alla prima battaglia di El Alamein.

Alla vigilia della terza battaglia di El Alamein, il III° Gruppo Corazzato Novara disponeva di soli 24 L6 operativi. Gli ultimi 5 carri armati di questo gruppo furono abbandonati nel deposito logistico di El Daba durante la ritirata da El Alamein (fra cui quello targato 3700, oggi esposto nel memoriale egiziano).

Il 2° Squadrone del 15° RECo Cavalleggeri di Lodi composto di 16 L6/40 fu inviato a Bengasi nel novembre 1942 per operare nel settore di Ohms, prima di essere trasferito in Tunisia nel gennaio 1943.

Dopo il 7 aprile 1943 i resti del Novara furono raggruppati con quelli del Lodi partecipando alle ultime battaglie in Tunisia fino alla resa e all'abbandono dell'Africa nel maggio del 1943.

■ FRONTE EUROPEO - OCCUPAZIONE FRANCIA MERIDIONALE

A seguito del collasso della Francia nel 1940, all'Italia venne assegnata una zona di occupazione del sud del paese. Nel 1942 venne inviata allo scopo la 2ª Divisione Celere "Emanuele Filiberto Testa di Ferro". Al suo interno vi era il Reggimento Piemonte Reale equipaggiato in parte con carri L6 (15 carri). Il reparto procedette all'occupazione della Costa Azzurra facendo base a Nizza. Oltre al Piemonte Reale, fu inviato in Francia anche il 18° Reggimento Bersaglieri corazzato. Questi, completato l'addestramento a Pordenone ai primi del 1943, raggiunse la Francia, disponendo di 31 carri armati, trovando dislocazione a sud di Tolone nel Var. Altri reparti furono poi inviati anche in Corsica.

▲ Semoventi e carri L6/40 vengono sbarcati in Libia all'inizio del conflitto. Archivio di stato (colorazione autore).

CARRO ARMATO LEGGERO L6/40 CAMPAGNA DI LIBIA

▲ 1942 L6/40 Carro comando del XVII battaglione carri Leggeri in Libia, 1942.

▲ Sopra: carri L6/40 del II I° Gr.Cr. Novara trasporatti al fronte con camion Fiat 634N. Sotto: sbarco di semoventi 47/32 in un porto libico. Nella foto piccola: due semoventi 47/32 in azione nel deserto libico (colorazione dell'autore).

CARRO ARMATO LEGGERO L6/40 CAMPAGNA IN NORD AFRICA

▸ L6/40 del 5° Reggimento Lancieri di Novara. Divisione Littorio. Fronte Africa del Nord, ottobre 1942.

CARRO ARMATO LEGGERO L6/40 CAMPAGNA DI RUSSIA

▲ L6/40 di un battaglione bersaglieri in Italia, 1942.

FRONTE RUSSO

Forze corazzate italiane erano presenti già nel 1942 all'interno della 2ª Divisione Celere PADA (Principe Amedeo Duca d'Aosta). Il vecchio Gruppo Corazzato San Giorgio della Divisione, rimasto senza carri, venne rimpatriato e sostituito nel luglio dello stesso anno dal LXVII Battaglione Bersaglieri motocorazzato, dotato di 58 carri L6/40 e dal Reggimento Cavalleggeri di Alessandria con carri e semoventi da 47. Il primo impegno ebbe luogo il 27 agosto a Iagodniy, quando 9 carri armati aiutarono i Battaglioni Valchiese e Vestone del 5° Reggimento Alpini a respingere un attacco sovietico. Ma pochi giorni dopo, una compagnia perse 12 dei 13 carri armati impegnati nello spazio di 20 minuti sotto il fuoco dei cannoni anticarro. A dicembre, l'intero fronte italiano andò in crisi, specialmente nel settore tenuto dalle Divisioni Cosseria e Ravenna presso le quali si era sistemato il raggruppamento corazzato. Il 21 del mese i sovietici sfondarono le ultime difese. I carri del LXVII Battaglione Bersaglieri andarono quasi tutti perduti nella zona di Gadjucja, i rimanenti furono via via persi durante la disastrosa ritirata. I carri furono inviati in Russia nell'improponibile tinteggiatura sabbia. Furono gli equipaggi che, attraverso mille scappatoie, riuscirono a rendere i carri più mimetizzati al paesaggio russo, spesso con vernici d'occasione trovate chissà dove. Nessuno degli L6 impegnati in URSS tornò in Italia dopo la rotta dell'ARMIR, e uno di quelli recuperati dai russi è ora esposto al museo dei carri di Kubinka, vicino a Mosca (vedi pagg. 42 e 49).

FRONTE GRECO E BALCANICO

Il fronte balcanico fu il settore in cui operarono la maggior parte dei carri L6. Il loro impiego trovò ideale collocazione nella lotta contro i partigiani jugoslavi. Il IV Gruppo Corazzato Cavalleggeri di Monferrato con 30 L6/40 fu schierato in Albania dal 1942, con il suo quartier generale a Berat. Il III Gruppo Corazzato Cavalleggeri di Alessandria raggiunse l'Albania nel maggio 1942 con almeno un plotone di 13 L6. Tornarono a Udine poco più di un anno dopo. Il II Gruppo Corazzato del Reggimento di Cavalleria Cavalleggeri Guide, con 15 L6/40, era di base a Tirana nel settembre 1942, mentre il IV Gruppo Corazzato Nizza Cavalleria fu dislocato a Dibra sempre in Albania con 15 L6 e varie AB41. Il 9° Plotone Autonomo

▲ Carro L6/40 appartenente al 18° Reggimento esplorante corazzato dei bersaglieri in Russia 1942. Archivio di stato (colorazione autore).

fornito di carri L6 operò per l'11ª Armata in Grecia dall'aprile 1943. Il L.Gruppo Squadroni Corazzati San Giusto operò in Dalmazia dall'estate del 1943, ma non è certo che abbia ricevuto gli L6 destinati al suo 3° Squadrone prima dell'armistizio. Dopo l'8 settembre 1943, sugli L6 che continuarono a combattere a fianco dei tedeschi nei Balcani furono dotati di strisce di identificazione bianche. Dopo l'armistizio, la Wehrmacht recuperò alcuni L6/40 nei Balcani che continuarono a operare contro i partigiani, che a loro volta ne catturarono alcuni. L'esercito tedesco ricevette anche 17 L6 nuovi di zecca.

I CARRI L6 E LA GUERRA CIVILE

In Italia, fino alla data dell'armistizio, erano presenti sul suolo italiano, presso i reparti o nei depositi, un certo numero di carri e semoventi L6. Questi furono impiegati dai reparti corazzati e di Cavalleria della Divisione Ariete II (Regio Esercito). Buona parte di questi mezzi furono distrutti durante la disperata difesa di Roma nei giorni dell'armistizio (Porta San Paolo e altri scontri). L'armistizio causò la spaccatura della Penisola in due realtà distinte, al Nord la Repubblica Sociale Italaian, sottoposta all'autorità germanica ed al Sud il Regno d'Italia, con reparti considerati cobelligeranti con gli Alleati. Non risultano presenti carri L6 nel Regio Esercito, che combatteva a fianco degli Anglo-americani, mentre al nord, con la costituzione dell'Esercito Repubblicano, alleato dei tedeschi, si raschiò il barile alla ricerca di ogni mezzo possibile e utilizzabile per il neonato esercito italiano. Gli esemplari del carro L6 furono tuttavia assai pochi, perché durante i giorni di scontro con i tedeschi, la maggior parte di loro andò distrutta. Molti altri vennero confiscati dagli stessi tedeschi, ma questo avvenne soprattutto nei paesi balcanici. In Jugoslavia i partigiani titini stessi ne recuperarono un numero sufficiente da armare una prima Divisione corazzata jugoslava. Tutto il resto che si salvò di questi mezzi fu "girato" all'esercito di Graziani.

Dopo l'8 settembre, gli esemplari disponibili che non furono requisiti dai tedeschi vennero usati dai seguenti reparti della Repubblica Sociale Italiana: Gruppo Corazzato Leoncello – 1 esemplare (carro); Gruppo Squadroni Corazzati "San Giusto" - 2 esemplari (semoventi L40); R.A.P. Raggruppamento Anti Partigiani - Gruppo Esplorante – 1/2 esemplari (semoventi); I Battaglione Bersaglieri Volontari "Mussolini" - 1 esemplare (semovente); Gruppo Corazzato "Leonessa" - 5 esemplari (4 semoventi e 1 carro); Battaglione Lupo della Divisione Xª Mas – 1 esemplare (carro).

▲ Uno dei carri italiani L6/40 impiegati in Russia e ora esposti in un museo russo (targhe e colorazioni sono errate).

CARRO ARMATO LEGGERO L6/40 CAMPAGNA DI RUSSIA

▲ L6/40 LXVII Battaglione bersaglieri in Russia, restaurato presso il Museo di Kubinka nel dopoguerra, con una fantasiosa mimetica.

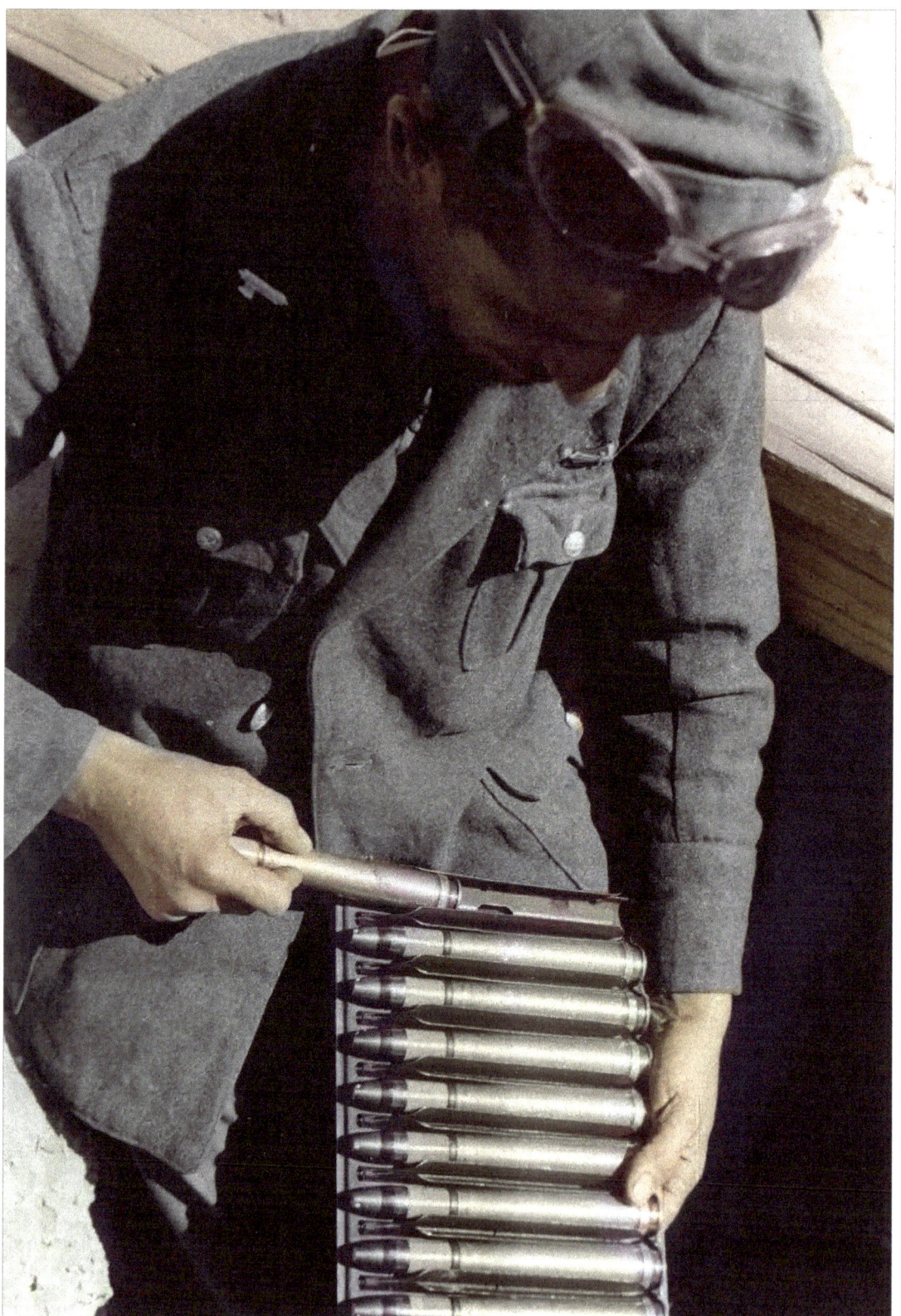

▲ Un soldato italiano arma un caricatore da 12 colpi per un *Cannone-Mitragliera Breda 20/65 Modello 1935*. Deserto libico, primavera 1941. Fonte: Archivio Centrale dello Stato

IL DOPOGUERRA

Dopo la guerra, alcuni L6 rimasero in dotazione al nuovo esercito italiano, e altri vennero consegnati alle forze di polizia italiane fino al 1952. Essi furono usati in operazione di ordine pubblico in occasione del referendum istituzionale e di vari movimenti di assestamento della fine degli anni '40. L'episodio più noto avvenne in occasione della cosiddetta "Guerra di Troilo", quando gli agenti di P.S., in assetto di guerra con gli L6, presidiarono i locali della questura di Milano in via Fatebenefratelli. Anche l'esercito jugoslavo mantenne in servizio almeno 3 L6 fino ai primi anni '50.

Nel dopoguerra, gli L6/40 ricevettero diversi schemi di mimetizzazione. I mezzi dati alla P.S. di Milano erano verniciate come tutte le vetture della polizia italiana del dopoguerra in rosso amaranto, una particolare sfumatura di rosso che era utile per due motivi: prima di tutto, il colore era in grado di coprire i precedenti distintivi militari; inoltre, all'epoca, i mezzi di pubblica sicurezza non avevano sirene, quindi un veicolo rosso sgargiante era più visibile nel traffico cittadino.

▶ Uniforme dei carristi italiani 1940-1943. Artwork dell'autore.

▲ Settembre 1943, difesa di Roma. Almeno quattro L6/40 del 5° Battaglione 'Vittorio Bòttego' sulla strada tra Mentana e Monterotondo, insieme ad un AB41, sempre della PAI, il 9 settembre 1943. Da notare la sigla PAI sul lato sinistro della copertina della trasmissione.

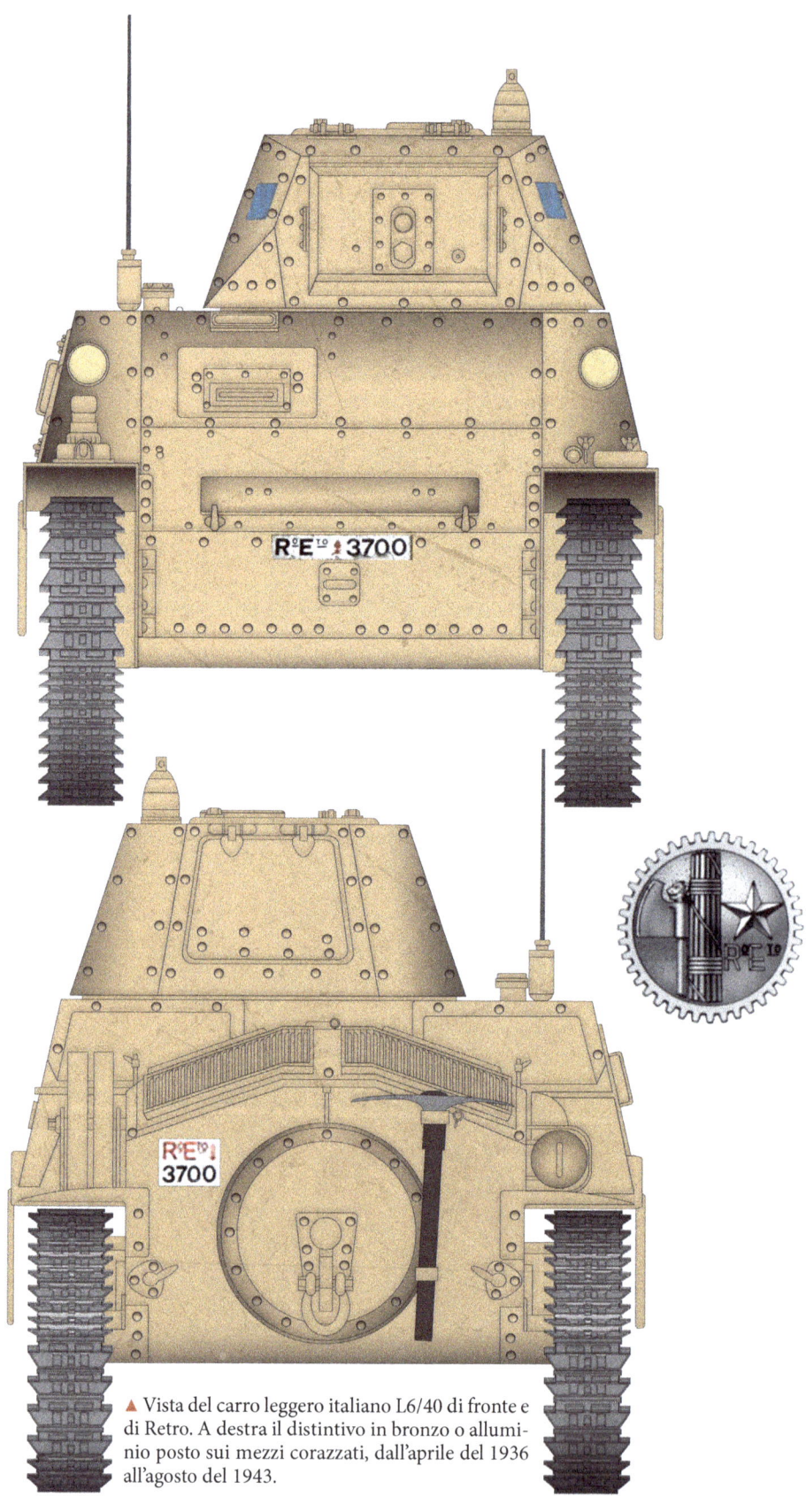

▲ Vista del carro leggero italiano L6/40 di fronte e di Retro. A destra il distintivo in bronzo o alluminio posto sui mezzi corazzati, dall'aprile del 1936 all'agosto del 1943.

CARRO SEMOVENTE DA 47-32 CAMPAGNA DI TUNISIA

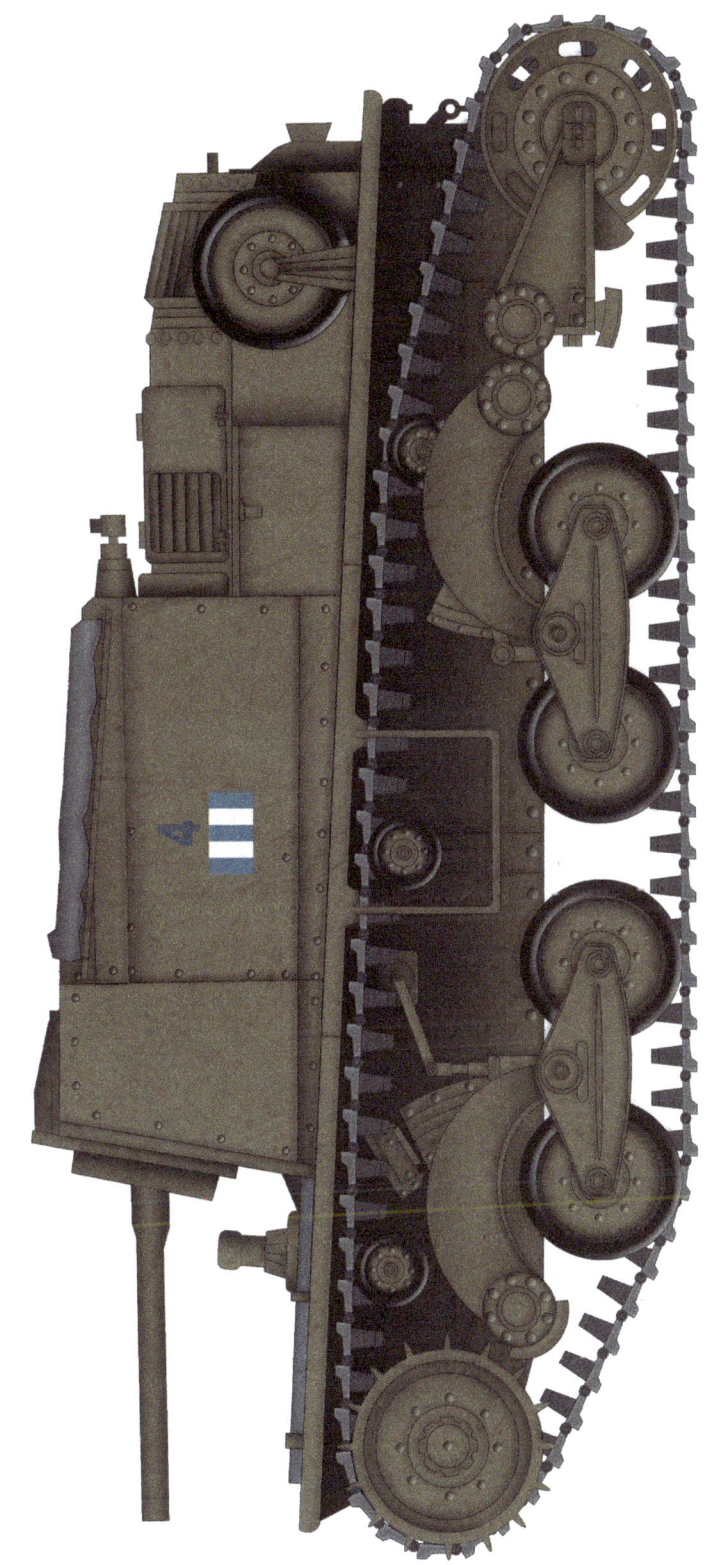

▲ SEMOVENTE da 47-32 impiegato durante l'ultima campagna di contenimento in Tunisia, 1942.

▲ Semoventi L40 da 47/32 procedono alla rioccupazione della banchina del porto di Bastia (archivio di Stato).

▲ Un L6/40 nelle vie di Nizza nel 1942. Notare i segni dipinti verticalmente sul lato della torretta (archivio di Stato).

CARRO PORTA MUNIZIONI PER SEMOVENTE 90-53 CAMPAGNA DI SICILIA 1943

▲ L40 Carro porta munizioni per Semovente da 90/53 in Sicilia, 1943.

CARRO ARMATO LEGGERO (COMANDO) L6/40 GUERRA NEI BALCANI 1943

▲ L6/40 Carro comando della 1ª compagnia del XXXI Battaglione carri leggeri in Jugoslavia, inizio 1943.

▲ Carro L6/40 del II Battaglione del 31° Reggimento Carri (vedi pag. 23). Nella foto piccola: sfilata di carri PzKpfw L6 733(i) in uso alla SS-Polizei Regiment tedesca ad Atene, 23 Maggio 1944. Bundesarchiv (colorazione dell'autore).

CARRO ARMATO LEGGERO L6/40 DOTAZIONE TEDESCA GUERRA NEI BALCANI 1943

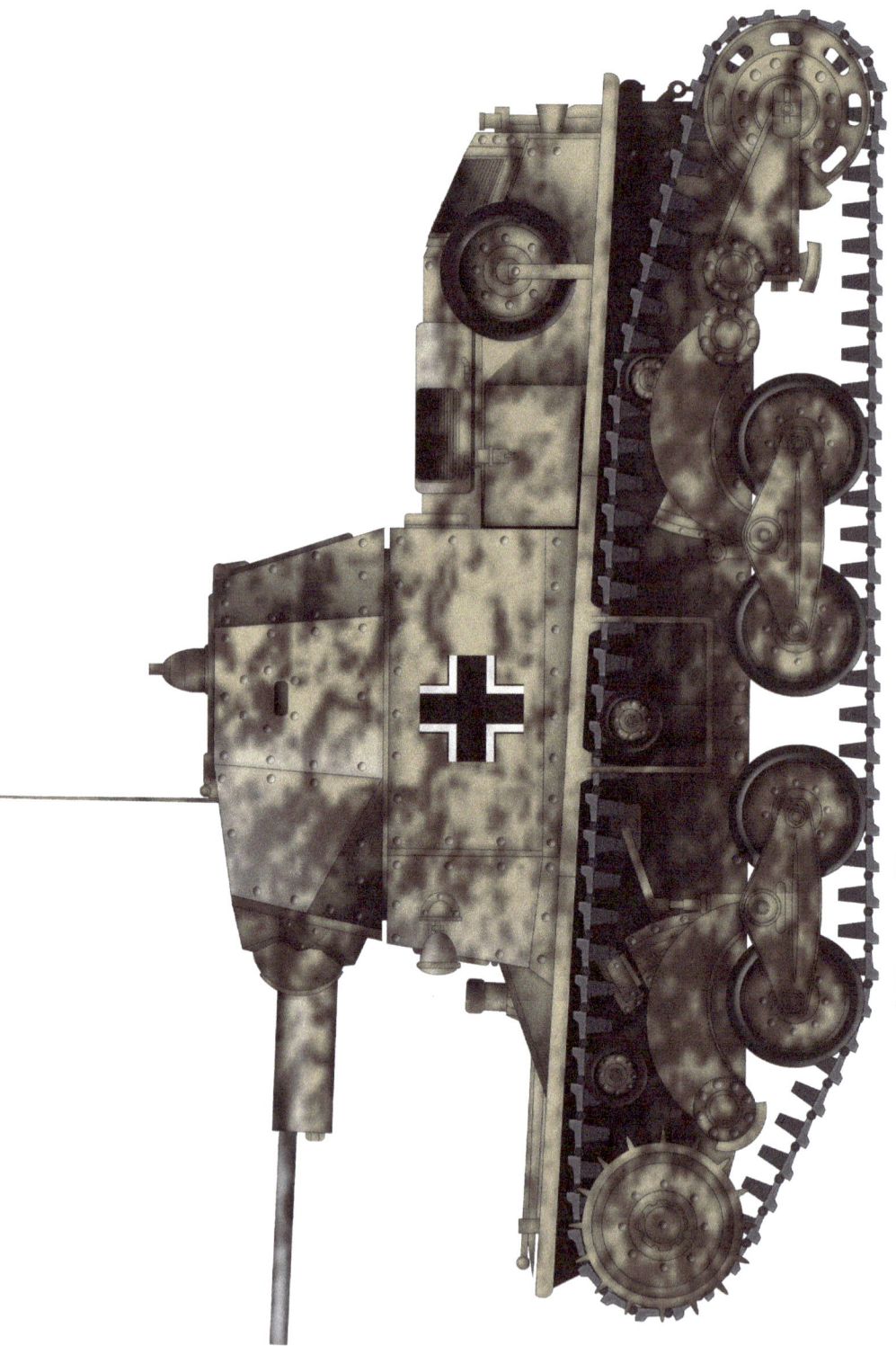

▲ L6/40 con targ RE 4017 in uso a un reparto tedesco non identificato. Balcani, 1943.

MIMETICHE E SEGNI DISTINTIVI

I colori di fondo dei carri italiani, sia medi che leggeri dalla loro creazione fino al 1945, (fra parentesi è indicato il periodo operativo di tale uso) utilizzati peraltro anche per tutti i mezzi corazzati erano: grigio verde R.E. (1936-1945), cioccolato scuro (1936-1941), bruno rossiccio (1936-1943), ocra (per prototipi), sabbia (1941-1945), sabbia scuro (1943-1945), grigio scuro (1941-1943). Per la mimetica venivano usati: verde medio (1936-1943) e rosso scuro (per prototipi). I carri medi non erano ancora nati al tempo della Guerra d'Etiopia 1935-1936 e della Guerra Civile Spagnola 1937-1939.

Territorio nazionale 1936-1940 - sostanziale prevalenza di grigio verde.
Occupazione dell'Albania e fronte francese 1939-1940 - grigioverde.
Campagna di Grecia e Jugoslavia 1940-1941 - grigioverde eventualmente mimetizzato con macchioline verdi e color sabbia.
Africa Orientale 1940-1941 - grigio verde o nella vecchia mimetica della campagna d'Etiopia bruno rossiccio a macchie verdi.
Africa Settentrionale 1940-1943 - all'inizio solo grigio verde, colora con il quale venivano generalmente sbarcati ai porti di destinazione, poi colore sabbia in varie versioni variegate. Non utilizzati nella Campagna di Russia 1941-1943.
RSI 1943-1945 grigioverde, colore giallo sabbia scuro, colore bruno rossiccio con macchiettature verde medio fitte, in colore uniforme panzer grey tedesco. In particolare erano colore sabbia scuro i carri del "Leonessa" e, in parte anche del "Leoncello" e del "San Giusto". Segnalo anche la presenza di mimetiche elaborate a scacchiere irregolari di fondo giallo sabbia e spezzoni verdi e marroni.

■ DISTINTIVI CARRI MEDI E LEGGERI

Per riconoscere i singoli mezzi corazzati nelle operazioni militari, anche per l'Italia, si rese necessario introdurre un sistema di identificazione, anche perché almeno all'inizio non vi erano carri con apparati radio installati. Le radio, infatti, iniziarono ad essere installate con una certa regolarità solamente a partire dal 1941. All'inizio, per comunicare, si usavano bandierine con drappo rosso o bianco. La prima tabella di contrassegni distintivi dei carri risale al 1925 ed era molto complessa e articolata sino all'eccesso. I gruppi numerici furono introdotti solo nel 1927 dopo la costituzione del Reggimento Carri, nel 1928 vennero poi emanate nuove disposizioni. Nel 1940 iniziarono finalmente le prime consegne dei Carri M13/40, che vennero distribuiti ai vari reparti corazzati.

I Carri Medi, come già era accaduto per i carri Leggeri portavano i simboli individuati da contrassegni, nomi e numeri posti ai lati dello scafo su entrambi i lati. I numeri erano dipinti frontalmente sulla piastra dello scafo e su entrambe le fiancate.

Nel 1938, per semplificarne il riconoscimento, venne fatta un'ulteriore modifica, stavolta radicale: furono stabiliti i nuovi simboli tattici per i carri. Sistema che seguirono quindi anche i carri medi nati qualche anno dopo. Le compagnie dei carri erano rappresentate da dei rettangoli colorati nel seguente modo:

La prima compagnia aveva il colore rosso, la 2ª l'azzurro, la 3ª il giallo, la 4ª il verde; il colore bianco era riservato ai carri comando reggimentale. I segni distintivi dei carri armati ed autoblindo dovevano avere dimensioni di cm 20 x 12 ed essere dipinti in vernice del colore della compagnia.

I rettangoli colorati erano tagliati da barre bianche (da 1 a 4 righe e una diagonale per il 5° plotone) ed indicavano i diversi plotoni, di colore intero e senza righe per i carri Comando di Compagnia.

I rettangoli dei vari plotoni erano sormontati da un numero arabo (del colore della compagnia) indicativo del carro nella formazione organica del plotone.

Tali numeri dovevano avere le dimensioni di 10 cm di altezza e 1,5 cm di spessore, e posti al centro del lato superiore del rettangolo a 2 cm di distanza. Sotto al rettangolo era invece posto in numero romano bianco il numero del battaglione di appartenenza. I carri di battaglione, se di riserva a livello di Reggimento riportavano, invece, il solo numero arabo relativo. I carri dello squadrone comando battaglione avevano

COLORI E MIMETICHE REGIO ESERCITO WW2

un rettangolo completamente nero. Il carro comando di battaglione su due compagnie l'aveva metà rosso e metà azzurro (a destra). Il carro comando di battaglione su tre compagnie l'aveva su tre righe colorate da sinistra a destra: rosso, azzurro e giallo. Nello specifico dei carri medi, il segno distintivo venne posto sulla torretta nella parte medio-alta anteriore. Posteriormente, nella parte centrale della torretta. Su alcuni carri il rettangolo venne posto all'altezza del portellone di accesso alla camera di combattimento. Sullo stesso portellone appariva spesso anche il segno distintivo della Divisione come ad esempio un ariete nero. Come segno di identificazione aerea sui mezzi venne a volte dipinta, nell'estate del 1940, una croce bianca di Savoia, posta a seconda del tipo di mezzo sul cielo della torretta o del vano motore. A partire dal 1941, al posto della croce si dipinse un disco bianco di cm 70 di diametro. Nonostante la circolare parlasse chiaramente, numerose furono le eccezioni e varianti al regolamento ufficiale. I carri medi usati dalla Repubblica Sociale Italiana mostravano dipinti i segni distintivi dei vari reparti: il "Leoncello" era raffigurato da un leone nero che stringeva un fasci littorio guardante a sinistra su fondo bianco. Il "Leonessa" aveva un segno distintivo un poco più complicato formato dalla M rossa di Mussolini, tagliata da un fascio di colore nero e sotto la scritta sempre in nero "GNR".

Il Gruppo Corazzato del "Leoncello" utilizzava, in luogo dei rettangoli colorati, una bandiera tricolore delle stesse dimensioni, con una numerazione bianca, a indicare il numero di Squadrone (sopra il tricolore) e il numero del carro (sotto). Il Gruppo Squadroni Corazzati "San Giusto" adottò un simbolo costituito da un tricolore semplice, sul quale fu aggiunta la sagoma di un carro armato nero a partire della primavera del 1944. Il tricolore fu sostituito successivamente (autunno 1944) con uno sventolante e la sagoma del carro con quella di un semovente.

I carri utilizzati dai tedeschi, soprattutto quelli catturati e quelli nuovi ordinati dopo l'armistizio del 1943, recavano le indicazioni tipiche dell'esercito tedesco a partire dalla *ritterkreuz* bianca e nera nelle sue diverse fogge. Infine, I mezzi dati alla P.S. di Milano erano verniciati come tutte le vetture della polizia italiana del dopoguerra in rosso amaranto.

▲ Un carro armato italiano L6/40 conservato al museo di Lubinka in Russia. Già operativo sul fronte russo venne poi catturato dai Russi. Licenza CC2 attribuita ad Alan Wilson.

CARRO ARMATO LEGGERO L6/40 GUERRA NEI BALCANI 1943

▲ L6/40 del III Gruppo Carri del Reggimento cavalleggeri Alessandria nei Balcani, 1943.

▲▼ Carri L6/40 (sopra: PzKpfw L6 733(i) di una unità Luftwaffe) utilizzati dalle forze tedesche. Notare l'adozione del caschetto italiano da parte dell'equipaggio. Sotto: un carro armato tedesco distrutto a Kočevje in Slovenia.

CARRO ARMATO LEGGERO L6/40 GUERRA CIVILE ITALIA 1944

▲ Carro Armato L6/40, appartenente al Battaglione "Lupo", Xª Flottiglia Mas, RSI. Autunno 1944, Piemonte.

CARRO ARMATO LEGGERO L6/40 DOTAZIONE TEDESCA NEI BALCANI

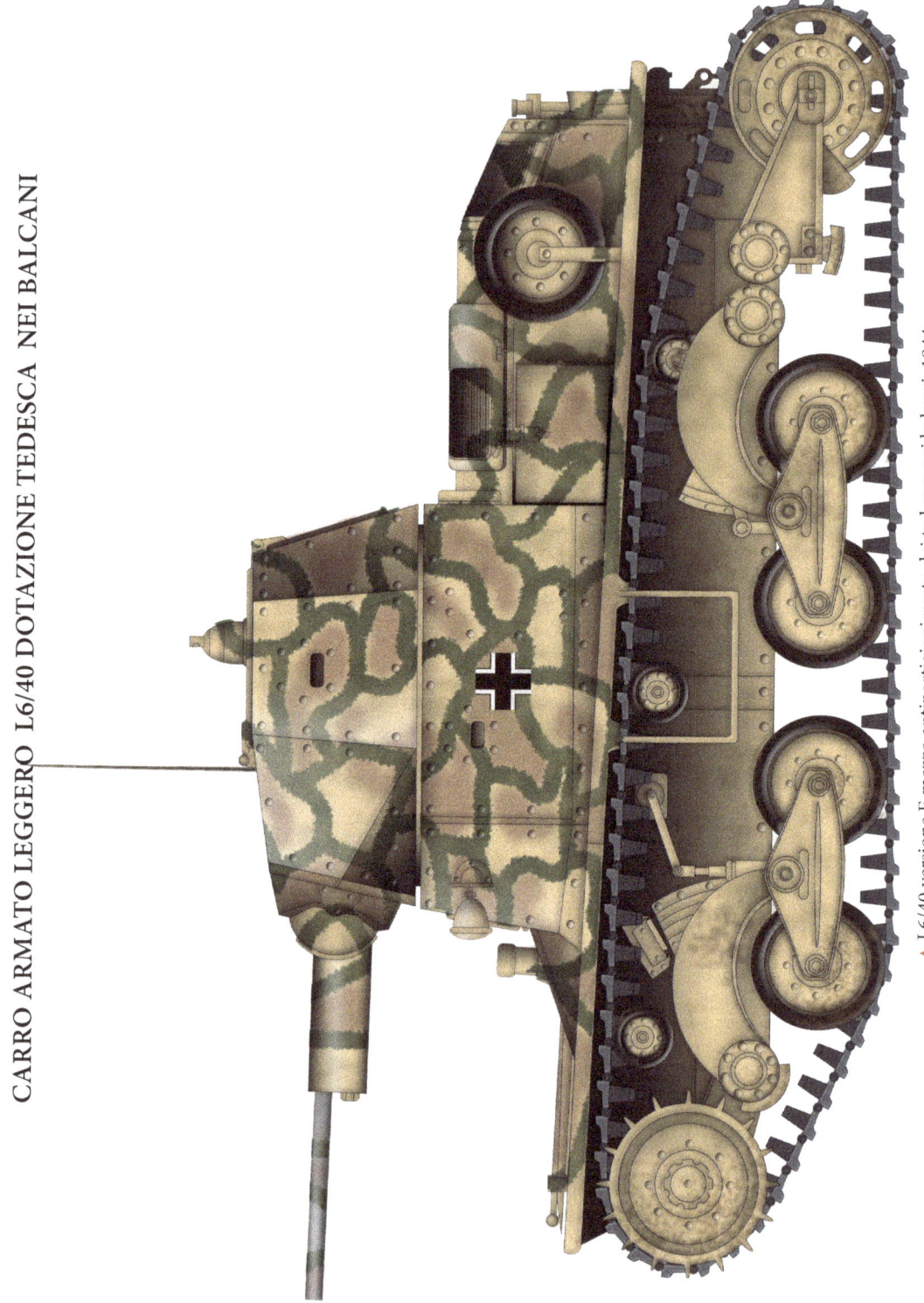

▲ L6/40 versione E mezzo antipartigiani usato dai tedesco nei balcani, 1944.

PRODUZIONE ED ESPORTAZIONE

Come per molti altri mezzi italiani, a eccezione forse del carro leggero L3, essendo iniziata la produzione in tempo di guerra, non si ebbero a disposizione mercati internazionali a cui vendere i mezzi. I carri, soprattutto per vicende belliche, finirono nelle solite mani di nazioni belligeranti e/o alleate ed ex alleate.

- Regio esercito: committente e maggiore utilizzatore della gran parte della produzione di mezzi corazzati L4 nelle versioni più importanti.
- Gran Bretagna e Commonwealth: a seguito soprattutto delle battaglie nel deserto del Nord Africa, le forze inglesi e alleate si impossessarono di un certo numero di mezzi corazzati; tuttavia, non sono noti riusi del L6/40 come ad esempio accadde per altri modelli di carri italiani.
- Repubblica Sociale Italiana: dopo il crollo dell'Italia seguito agli avvenimenti dell'8 settembre, si creò un nuovo stato nel Nord Italia, controllato dai tedeschi. La RSI utilizzò tutti i mezzi militari del Regio Esercito a sua disposizione e/o forniti dal suo alleato germanico.
- Esercito tedesco: alla stessa stregua, e in maniera massiccia e selettiva, anche l'esercito tedesco, dopo l'8 settembre confiscò e riadattò tutti i mezzi italiani a disposizione, in alcuni casi anche riattivando le catene di montaggio produttive (come nel caso dei mezzi L6 e semoventi derivati).

MAGGIORE UTILIZZATORE

Il carro leggero e la sua versione semovente furono usati dagli eserciti indicati qui sopra, ma ovviamente i suoi principali utilizzatori furono l'Italia e i suoi reparti corazzati: dal Regio Esercito soprattutto ma anche, dopo l'Armistizio, dall'Esercito Nazionale Repubblicano e dalla Guardia Nazionale Repubblicana, in seguito alla costituzione della Repubblica Sociale Italiana nel 1943. Pare invece escluso che il regno del sud, cobelligerante, abbia utilizzato questi carri. Qualche mezzo, infine, venne anche in questo caso catturato sui teatri di guerra europei, soprattutto in Dalmazia e Balcani; nel caso dell' L6/40 in particolare da parte dei partigiani jugoslavi titini. Alcuni di questi mezzi rimasero in servizio in Italia ancora per poco tempo durante gli anni dell'immediato dopoguerra, nell'ambito soprattutto di missioni di polizia.

▲ Raro esemplare di semovente L4 conservato in un museo americano. Wikipedia CC1.

▶ Bella vista dall'alto del carro L6/40 che peremtte di apprezzare le linee posteriori. Fonte Ansaldo.

▶ L6/40 che si accinge a salire sul traino per il trasporto. Furono molti i test per adattare questo mezzo al trasporto.

▲ Vista dall'alto dello scafo del semovente L4. Foto Fiat.

▲ Diversi particolari del carro L6/40 esposto al museo di Kubinka Russia. Archivio Antonio Tallillo

▲ L6/40 catturato e "decorato" da parte delle formazioni partigiane. Archivio Paolo Crippa.

▼ Due L6/40 riarmati con mitragliatrici gemelle *Breda Modello 1938* nelle strade di Milano nel novembre 1947, impegnate nella cosidetta guerra di Trailo. Notare l flak tedesca coperta da telo in primo piano. Archivio P.S.

CARRO ARMATO LEGGERO L6/40 GUERRA CIVILE ITALIA 1943-45

▲ L6/40 di un reparto non identificato che combattè con i tedeschi dopo l'Armistizio nei Balcani. 1943-45.

SCHEDA TECNICA		
	Carro L6/40	Semovente L40
Fabbricante	Ansaldo Fossati - Fiat	
Lunghezza	3820 mm	3820 mm
Larghezza	1860 mm	1920 mm
Altezza	2200 mm	1630 mm
Data impostazione	1939-1942	1940
Data ritiro servizio	1952	1945
Peso	6.840 kg	6.825 kg
Equipaggio	2	2/3
Motore	SPA 18D a 4 cilindri a benzina da 4053 cm^3	
Potenza	70 hp (52 kW) 4053 cilindrata	
Trazione	Cingoli	
Velocità massima	43 km/h su strada 20 km/h fuori strada	43 km/h su strada 16 km/h fuori strada
Autonomia	200 km su strada 5 h fuori strada	200 km
Capacità serbatoio	165 L	165 L
Radio	RF1 CA	RF1 CA
Pendenza massima	60%	60%
Corazza frontale	30 mm (40mm sovrastruttura)	30 mm
Corazza laterale	15mm	15mm
Corazza retro	15mm	15mm
Armamento	1 cannone 20/65 Mod. 1935 calibro 20 mm. 1 mitragliatrice Breda Mod. 38 da 8 mm	1 cannone 47/32 Mod. 38 da 47 mm. 1 mitragliatrice Breda Mod. 38 da 8 mm

▲ Un L6/40 viene caricato su un camion Fiat 634N (archivio di Stato, colorazione autore).

CARRO ARMATO LEGGERO L6/40 GUERRA CIVILE ITALIA 1943-45

▲ L6/40 del Gruppo Corazzato Leonessa. Nord Italia, 1944.

▲ ▼ Alcuni esemplari di carri leggeri L6/40 finiti nelle mani delle forze jugoslave titine e subito impiegate nelle loro nasciture formazioni corazzate. Archivio Paolo Crippa. Colorazione autore.

CARRO ARMATO LEGGERO L6/40 GUERRA CIVILE ITALIA 1945

▲ L6/40 mezzo non identificato in dotazione alla GNR RSI. Nord Italia, 1945.

CARRO LEGGERO L6/40

CARRO SEMOVENTE DA 47-32 GUERRA CIVILE ITALIA 1945

▲ Semovente L 47 32, Squadrone Carri M, Gruppo Squadroni Corazzati 'San Giusto', ERN RSI. Italia, aprile 1945.

CARRO ARMATO LEGGERO L6/40 SERVIZIO DI POLIZIA ITALIA 1947

▲ 1947 L6/40 versione in uso a reparto celere PS Milano. Italia, 1947-1948.

BIBLIOGRAFIA

- *Veicoli da Combattimento dell'Esercito Italiano dal 1939 al 1945*. Falessi, Cesare; Pafi, Benedetto (1976). Intyrama books.
- *Carro L 6, Carri leggeri, semoventi, derivati*, Andrea Tallillo, Antonio Tallillo & Daniele Guglielmi, Gruppo Modellistico Trentino, 2007
- *Carro armato L6/40*, 2007 Daniele Guglielmi. Italeri Bologna 2008
- *Carri leggeri, L.6/40 sviluppo ed operazioni, Carri Armati 2/III*, Fronte Terra, Bruno Benvenuti & Ugo F. Colonna, Edizioni Bizzarri, 1974
- *Italian light tanks 1919-1945*, Filippo Cappellano & Pier Paolo Battistelli, Osprey Publishing, 2012
- *Gli autoveicoli da combattimento dell'Esercito Italiano, Volume secondo (1940-1945)*, Nicola Pignato & Filippo Cappellano, Stato Maggiore dell'Esercito, Ufficio Storico, 2002
- *La meccanizzazione dell'esercito dalle origini al 1943, Tomo II*, Lucio Ceva & Andrea Curami, USSME, 1994
- *Mezzi dell'Esercito Italiano 1935-45*, Ugo Barlozzetti & Alberto Pirella, Editoriale Olimpia, 1986
- *Italian armoured vehicles 1940-1943 : A pictorial history*, Luca Massacci, Roadrunner, 2013
- *Italian Armored Vehicles of World War Two*, Nicola Pignato, Squadron publications, 2004
- *Italian Tanks and Combat Vehicles of World War II*, Ralph Riccio, Marcello Calzolari e Nicola Pignato, Roadrunner Mattioli, 2010
- *Storia dell'Ansaldo 6. Dall'IRI alla guerra, 1930-1945*, Gabriele De Rosa, Editori Laterza, 1999
- *Storia della PAI, Polizia Africa Italiana 1936-1945*, Raffaele Girlando, Italia Editrice 2003
- *…Come il diamante, I Carristi italiani 1943-45*, Sergio Corbatti & Marco Nava, Laran Éditions, 2008
- *I reparti corazzati della Repubblica Sociale Italiana 1943/1945*, Paolo Crippa, Marvia Edizioni, 2006
- *Una visita al fronte orientale*, Daniele Guglielmi & Luca Massacci, Storia Militare n°259, 2015
- *Les véhicules blindés italiens 1910/43 (1ère partie)*, Daniele Guglielmi & David Zambon, Batailles & Blindés n°24, 2008
- *Storia dei mezzi corazzati*. Pignato, Nicola. Vol. II. Fratelli Fabbri Editori.
- *I reparti corazzati italiani nei Balcani*, Paolo Crippa e Carlo Cucut. Soldiershop 2019.
- *I reparti corazzati del R.E. E l'armistizio 1° Volume*, Paolo Crippa. Soldiershop 2021.
- *I reparti corazzati del R.E. E l'armistizio 2° Volume*, Paolo Crippa. Soldiershop 2021.
- *Il gruppo corazzato del Leoncello*, Paolo Crippa. Soldiershop 2021.
- *I mezzi blindo-corazzati italiani 1923-1943*, Nicola Pignato, Storia Militare, 2005.
- *Corazzati Italiani 1939-1945*, Nico Sgarlato, War Set n°10, 2006.
- *Corazzati e blindati italiani dalle origini allo scoppio della seconda guerra mondiale*, David Vannucci, Editrice Innocenti, 2003.

TITOLI PUBBLICATI O IN LAVORAZIONE

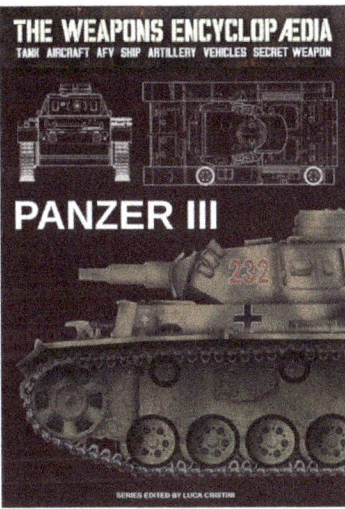

TWE-010 IT

www.ingramcontent.com/pod-product-compliance
Lightning Source LLC
LaVergne TN
LVHW070523070526
838199LV00072B/6688